AFFERMAZIONI POSITIVE

Come iniziare a cambiare

I0449592

Levantino

Levantino libri

2016

First Printing: 2016

ISBN 978-1-326-73092-5

Voglio ringraziare te che usi o hai usato questo libro, rendendolo e rendendoti utile.

Grazie di cuore.

INTRODUZIONE

Chi si inizia alle affermazioni positive, ha sempre un po' di confusione. Non c'è molto da spiegare, di seguito qualche parola ti sarà di aiuto. La maggior parte della comprensione sarà compito tuo. Ti consiglio di eliminare l'affanno dal cercare una risposta o risultato immediato.

Questo libro raccoglie le affermazioni e le propone in forma semplice. Una per pagina, in modo da facilitarne l'uso.

Sentiti libero di usare questo libro di affermazioni come preferisci. Le affermazioni ti aiutano nel tuo processo di cambio, trova quelle che pensi siano giuste. Se non ci credi o hai dei dubbi è facile ostacolare o boicottare il processo di cambio. Bisogna avere fiducia e pazienza. Se non credi nel processo da subito datti almeno una o più opportunità.

COME FUNZIONA

Come funziona una affermazione? Semplice, basta dirla senza intenzione né emozione, semplicemente si esprime dando fiato ai polmoni, passa per la bocca e si installa nel nostro cuore. Può essere ripetuto come un esercizio meccanico, senza un obiettivo apparente.

L'obiettivo è lasciare il corpo sufficientemente libero da incanalare le parole fino al suo essere profondo. Le affermazioni sono un processo largo e paziente, come la goccia che scolpisce la roccia.

È comunque molto facile riscontrare effetti benefici già da subito.

Queste affermazioni ti aiuteranno nel tuo inizio, in semplicità. Puoi cambiarle e farle tue quando vuoi.

CONSIGLI

Seguili tutti, alcuni o nessuno, a te la scelta.

Leggi le affermazioni a voce alta.

Leggile a voce alta davanti lo specchio.

Fallo ogni giorno, trova un momento per te solo.

Fallo ogni giorno alla stessa ora.

Impara a memoria una o più affermazioni e ripetile dentro di te durante il giorno.

Medita un istante le affermazioni.

Scrivi più volte le affermazioni.

Introducile nei tuoi discorsi in pubblico.

Crea le tue affermazioni personali in base ai tuoi obiettivi, desideri, punti deboli e forti.

OGNI PENSIERO È UNA FORZA, UNA MANIFESTAZIONE DI ENERGIA CHE HA IL POTERE MAGNETICO DI ATTRARRE COSE UGUALI.

QUANDO PENSIAMO TRASMETTIAMO VIBRAZIONI, CHE SONO TANTO REALI COME LE VIBRAZIONI DELLA LUCE, IL CALORE, IL SUONO E L'ELETTRICITÀ.

ATTIRO

PROSPERITÀ

E

ABBONDANZA

CON TUTTE

LE MIE IDEE

TUTTI

I MIEI PENSIERI

PROGETTI

E

IDEE

MI PORTANO

DIRETTAMENTE

AL SUCCESSO

LE OPPORTUNITÀ

ED

I VANTAGGI

SONO

DIETRO OGNI PORTA

CHE APRO

LA PROSPERITÀ

ED

IL SUCCESSO

SONO

LO STATO NATURALE

DELLA MIA MENTE

LA MIA PERSONALITÀ

IRRADIA

FIDUCIA,

CONVINZIONE

E

OTTIMISMO

HO SEMPRE

PIÙ CHE ABBASTANZA

SOLDI

PER SODDISFARE LE
MIE

ESIGENZE

IL DENARO

INASPETTATO

SEMPLICEMENTE

CADE NEL MIO
GREMBO

IL MIO ATTEGGIAMENTO

È PIÙ SANO

E PIÙ FELICE

OGNI GIORNO

AMO

QUELLO CHE FACCIO

E

MI PIACE

SONO

UNA CALAMITA

DI

SUCCESSO

HO PASSIONE

PER AUMENTARE

LA MIA FORTUNA

CELEBRO

CONTINUAMENTE

LA MIA FORTUNA

STO

MIGLIORANDO

IN CIÒ CHE FACCIO

OGNI GIORNO

AD OGNI PASSO

UNA NUOVA
OCCASIONE

MI SI PRESENTA

TUTTO

CIÒ CHE MI SERVE

È

ALLA MIA PORTATA

HO IL POTERE

DI FARE LE COSE

PIÙ INCREDIBILI

OGNI GIORNO

IN OGNI MODO

SONO SEMPRE

PIÙ PROSPERO

SONO DESTINATO

AD ESSERE

PROSPERO

HO ABBONDANZA

DA CONDIVIDERE

IN ECCESSO

IMMAGINO SEMPRE

L'ABBONDANZA

PER ME

E

PER GLI ALTRI

SBLOCCO

LA MIA ENERGIA

E LE MIE EMOZIONI

E RITROVO

UNO STATO DI BENESSERE

E PERFETTA SALUTE

MI APRO

ALL'AMORE

E IMPARO

A RISPETTARE

ME STESSO

COMPLETAMENTE

MI AMO

E

MI APPROVO

COMUNICO

CON SERENITÀ E

FLUIDITÀ

TUTTO CIÒ

CHE HO BISOGNO DI

COMUNICARE

RIESCO AD AFFRONTARE
CON CORAGGIO
QUALUNQUE
SITUAZIONE

HO RISVEGLIATO

IN ME

FORZA

CORAGGIO

AUDACIA

RINGRAZIO

L'UNIVERSO

PER CIÒ CHE SONO

AMO IL MIO CORPO,

LO ONORO

E LO RISPETTO

COLTIVO IN ME

BELLEZZA,

ARMONIA,

PACE E SERENITÀ,

RINGRAZIO L'UNIVERSO

PER CIÒ CHE SONO

LA MIA VITA AFFETTIVA

E SESSUALE

È PIENA

DI MOMENTI

SODDISFACENTI

APPAGANTI

ED ELEVANTI

IMPARO

AD ESPRIMERE

LA MIA PERSONALE
VERITÀ

NEL RISPETTO

DI ME STESSO

E DEGLI ALTRI

USO I MIEI TALENTI

OGNI GIORNO

E MI ALLENO

OGNI GIORNO

A DARE

IL MEGLIO DI ME

SCELGO PENSIERI

DI GIOIA

E DI AFFETTO

SPERIMENTO

OGNI GIORNO
QUALCOSA

CON GIOIA E ALLEGRIA

L'ABBONDANZA

MI CIRCONDA

IO PERDONO

COLORO CHE MI HANNO
FATTO DEL MALE

IN PASSATO

E PACIFICAMENTE

MI DISTACCO DA LORO

LA FELICITÀ È
UNA SCELTA,
IO SCELGO
DI ESSERE FELICE

OGGI ABBANDONO

LE MIE VECCHIE

ABITUDINI

E NE CREO DI NUOVE

PIÙ POSITIVE

SONO BENEDETTO

DA UNA FAMIGLIA

E AMICI

MERAVIGLIOSI

TUTTO CIÒ CHE

STA ACCADENDO ORA

ACCADE

PER IL MIO BENE
ULTIMO

RICONOSCO

LA MIA AUTOSTIMA,

LA MIA FIDUCIA

È IN CRESCITA

I MIEI SFROZI

SONO SOSTENUTI

DALL'UNIVERSO,

I MIEI SOGNI SI

TRASFORMANO IN

REALTÀ

DAVANTI I MIEI OCCHI

MI SVEGLIO

OGGI CON FORZA

NEL MIO CUORE

E CHIAREZZA

NELLA MIA MENTE

LA MIA NATURA

È DIVINA,

SONO

UN ESSERE SPIRITUALE

LA MIA CAPACITÀ

DI CONQUISTARE

LE SFIDE È ILLIMITATA,

IL MIO POTENZIALE

INFINITO

POSSIEDO LE QUALITÀ

NECESSARIE PER

GODERE DI GRANDI

SUCCESSI

UN FIUME DI

COMPASSIONE LAVA VIA

LA MIA RABBIA

E LA SOSTITUISCE

CON L'AMORE

IL MIO CORPO

È SANO,

LA MIA MENTE

È BRILLANTE,

LA MIA ANIMA

È TRANQUILLA

IRRADIO

BELLEZZA,

FASCINO,

GIOIA

E GRAZIA

ESPRIMO

CHI SONO

IN MODI

GIOIOSI E POSITIVI

LA VITA È SEMPLICE,

QUELLO CHE DIAMO

È QUELLO

CHE RICEVIAMO

HO ECCELLENTI

GUADAGNI

FACENDO QUELLO

CHE PIÙ

MI SODDISFA

SCELGO

SOLO PENSIERI

CHE MI CREANO

UN MERAVIGLIOSO

FUTURO

E MI MUOVO IN ESSO

ORA

AMO IL MIO CORPO,

LE MIE CELLULE

SONO ETERNAMENTE

GIOVANI

RILASCIO

OGNI RESISTENZA

RIGUARDO IL DENARO

E PERMETTO

ALL'ABBONDANZA

DI FLUIRE

GIOIOSAMENTE

NELLA MIA VITA

OGNI GIORNO DI PIÙ

IMPARO AD AVERE

FIDUCIA NELLA VITA

E NELL'UNIVERSO,

SCELGO SOLO IL MEGLIO

PER ME

E LASCIO ANDARE
COMPLETAMENTE

TUTTE LE SITUAZIONE

CHE MI SOTTRAGGONO

ENERGIA

MI CONCENTRO

SUL PRESENTE

E GODO

DI OGNI SUO ATTIMO

LASCIO ANDARE

OGNI ANSIA

E PREOCCUPAZIONE

NELLA COMPLETA

FIDUCIA DELL'UNIVERSO

OGNI SITUAZIONE

SI RISOLVE

SEMPRE AL MEGLIO

AL DILÀ

DELLE MIGLIORI

ASPETTATIVE

MI PRECISO OGNI
GIORNO

DI PIÙ NEGLI SCOPI

DELLA MIA
ESISTENZA,

CON CONCENTRAZIONE,

PERSEVERANZA,

EFFICACIA

OGNI GIORNO DI PIÙ

PERMETTO AI SOLDI

E ALLA RICCHEZZA

DI ENTRARE

NELLA MIA VITA

GIORNO DOPO GIORNO

ACQUISISCO FIDUCIA

E AUMENTA IL MIO

ENTUSIASMO PER LA

VITA,

PER QUELLO CHE CREO

E SONO FELICE DI

DONARE E RICEVERE

MI ADOPERO

PER MIGLIORARE

LA MIA RELAZIONE

AFFETTIVA

E RENDERE

LA MIA VITA SESSUALE

APPAGANTE

RINGRAZIO
L'UNIVERSO

PER AIUTARMI

A PORTARE A TERMINE

OGNI SINGOLO
PROGETTO

E IDEA

LA MIA PRATICITÀ

MI PORTA AD AVERE

OBIETTIVI CHIARI

E A RAGGIUNGERLI

UNO ALLA VOLTA

IO SONO AMATO/A

E ACCETTATO/A

PER QUELLO CHE SONO

IO MI MERITO TUTTO IL

BUONO,

NON QUALCOSA

NÉ POCO MA TUTTO IL

BUONO

IO ORA SCIOLGO

OGNI PENSIERO

NEGATIVO

O RESTRITTIVO

MI LIBERO

E SCIOLGO

TUTTE

LE LIMITAZIONI

DEL PASSATO

NON MI LEGA

NESSUNA PAURA

NÉ LIMITE

DELLA SOCIETÀ

IN CUI VIVO.

IO NON MI IDENTIFICO

CON NESSUN TIPO

DI LIMITE

NELLA MIA MENTE

HO LIBERTÀ ASSOLUTA.

ORA ENTRO

IN UN NUOVO SPAZIO

DELLA COSCIENZA

DOVE MI VEDO

IN FORMA DIFFERENTE

STO CREANDO

NUOVI PENSIERI

SU DI ME E SULLA
MIA VITA ,

LA MIA NUOVA FORMA
DI PENSARE

SI CONVERTE IN
NUOVE

ESPERIENZE

ORA SO E AFFERMO
CHE

FORMO UNA UNITÀ

CON IL PROSPERO

POTERE
DELL'UNIVERSO,

PER TANTO RICEVO

UNA MOLTITUDINE

DI BENI

LA TOTALITÀ DELLE

POSSIBILITÀ

STA DAVANTI A ME

IO MI MERITO LA VITA,

UNA BUONA VITA

IO MI MERITO L'AMORE,

ABBONDANTE AMORE

IO MERITO LA SALUTE

IO MERITO LA LIBERTÀ,

LA LIBERTÀ DI ESSERE

TUTTO QUELLO CHE

POSSO ESSERE

IO MI MERITO

TUTTO IL BUONO

LO STATO NATURALE

DEL CORPO

È LO STATO

DI BUONA SALUTE

GRAZIE

TI AMO

MI DISPIACE

PERDONAMI

GRAZIE PERCHÉ

MI SENTO BENE,

SEMPRE MEGLIO,

SONO CONTENTO,

OGGI È UN GIORNO

MERAVIGLIOSO

IO SONO

UNA PERSONA

FELICE

SOLARE

ALLEGRA

GRAZIE PERCHÉ

IO SONO

UNA PERSONA

FLESSIBILE AGILE

POSITIVA

ED ENERGETICA

IO SONO

UNA FONTE

INESAURIBILE DI AMORE

ED ENERGIA POSITIVA

ABBRACCIO

I PENSIERI
POSITIVI

E SODDISFACENTI

MI APPROVO,

MI ACCETTO,

MI PERDONO

E MI AMO:

SONO DEGNO DI
AMORE

LA VITA

E L'UNIVERSO

SONO DALLA MIA PARTE,

MI APPOGGIANO

COMPLETAMENTE

E MI PROPORZIONANO

TUTTO CIÒ

DI CUI HO BISOGNO

IO SONO IN ARMONIA

ED EQUILIBRIO

CON L'UNIVERSO

GRAZIE PERCHÉ

IO ORA HO IL
CONTROLLO DELLA MIA
VITA,

QUELLO CHE
NECESSITO

ARRIVA

QUANDO NE HO
BISOGNO

IO MI AMO,

PERTANTO

PERDONO IL MIO
PASSATO

E LO LASCIO IN
LIBERTÀ,

AVANZO VERSO IL
NUOVO

CON FIDUCIA

E SICUREZZA

IL MIO AMORE

FIORISCE DAL
PROFONDO

DI ME STESSO,

MI INONDA

E SI TRASMETTE

IN TUTTE LE DIREZIONI

E RITORNA

MOLTIPLICATO

SONO FLESSIBILE

E FIDUCIOSO

E LASCIO CHE LA
VITA

SCORRA

ATTRAVERSO ME
STESSO

HO RINUNCIATO

AI MIEI

ATTEGGIAMENTI

E PREGIUDIZI

NEGATIVI

IN FAVORE DI

PENSIERI POSITIVI

IO SONO INNOCENTE

E PURO

E RICONOSCO

LA MIA INNOCENZA

E PUREZZA

NEL PROFONDO

DI ME STESSO

IO HO SCELTO

QUESTO CORPO

E MERITO UN PIACERE

TOTALE COME

UOMO/DONNA

GRAZIE UNIVERSO

PER IL PIACERE

SESSUALE CHE PROVO

IL SESSO

È SEMPRE

SORPRENDENTEMENTE

MERAVIGLIOSO

QUANTO PIÙ DICO

LA VERITÀ

RIGUARDO

CIÒ CHE VOGLIO
SESSUALMENTE,

PIÙ SODDISFAZIONE

PROVO

LA MIA PASSIONE

SESSUALE

MI PORTA

ALLA PACE

IL MIO CORPO

È SESSUALMENTE

ATTIVO

ATTRATTIVO

E SENSUALE

IO VIVO L'INTIMITÀ

IN COMPLETA

SICUREZZA

QUANTO PIÙ PIACERE

MI DO

PIÙ ABBONDANZA

RICEVO

DALL'UNIVERSO

POSSO DIRE

NO AL SESSO

E MANTENERE

L'AMORE

DELLA MIA

COMPAGNA/O

QUANDO FACCIO

L'AMORE

MI APRO

ALL'UNIVERSO

RICEVERE

SODDISFAZIONE

SESSUALE

È DIVINO

IL SESSO

CON LEI/LUI

È FACILE

PIACEVOLE

DIVERTENTE E
APPAGANTE

IO MI APPROVO

COMPLETAMENTE

E GODO

DEL SESSO

IO SONO SICURO

NEL MOSTRARMI

SESSUALMENTE

TUTTI I MIEI ORGANI

COMPIONO

LE LORO FUNZIONI

E SI RAFFORZANO

OGNI GIORNO

STO BENE

SONO FORTE

E SONO SANO

IL MIO CERVELLO

PROCESSA

TUTTE LE
INFORMAZIONI

CORRETTAMENTE

IRRADIO

BUONA SALUTE,

SONO PERFETTAMENTE

SANO

NEL CORPO

E NELLA MENTE

MI ALIMENTO

IN MODO SANO

IL MIO CORPO

SI RILASSA

DORME

RIPOSA

E SI RISTORA

COMPLETAMENTE
RICARICANDOSI

DI ENERGIA

RESPIRO

IN MODO NATURALE

E FACILE

L'UNIVERSO COSPIRA

A MIO FAVORE